AF242620

DES

OFFICES EN ALGÉRIE

ET DU

DROIT DE PRÉSENTATION

ORAN

TYPOGRAPHIE ET LITHOGRAPHIE PAUL PERRIER

13, boulevard Oudinot, 13.

—

1886

OFFICES EN ALGÉRIE

ET DU

DROIT DE PRÉSENTATION

ORAN

TYPOGRAPHIE ET LITHOGRAPHIE PAUL PERRIER

13, boulevard Oudinot, 13.

—

1886

DES OFFICES EN ALGÉRIE

ET

DU DROIT DE PRÉSENTATION

HISTORIQUE

et Considérations Générales

Autrefois la vénalité des offices était le fait du prince et profitait à l'État.

Lors de la Révolution de 1789, les charges, dites domaniales, greffes, notariats, etc., étaient presque entièrement tombées dans le patrimoine du titulaire.

Affermés d'abord, ces offices avaient ensuite été détachés du domaine de la Couronne dont ils formaient une dépendance, par une aliénation à pacte de rachat. Ils pouvaient être saisis, vendus, donnés à bail ; enfin ils se transmettaient héréditairement et toutes les mutations dont ils étaient susceptibles s'opéraient sans l'intervention de l'autorité.

Pour mettre fin aux graves abus qu'avait produits cette vénalité trop absolue des charges, l'Assemblée Constituante proclama dans les préliminaires de la Constitution du 3 septembre 1791 que « *Il n'y a plus de vénalité, ni hérédité d'aucun office public.* »

Mais bientôt, reconnaissant elle même tout ce qu'il pouvait y avoir d'excessif dans l'application absolue de ce principe, la même Assemblée Constituante, moins d'un mois après, consacrait au profit des Notaires, par la loi du 29 septembre 1791, le droit de disposer de leurs minutes et de faire avec leurs successeurs des conventions au sujet de leurs recouvrements.

On divisait ainsi la charge en deux parties distinctes : le titre, émanation de la puissance publique, *inaliénable ;* la clientèle, qui est le propre du titulaire, son fait, sa chose, et qui, lui appartenant, est essentiellement *transmissible.* De sorte que lors de la discussion à la Constituante, le député Mougins, résumant le débat, a pu dire : « *La clientèle fixe le prix de l'office.* »

Supprimée en principe, c'est-à-dire pour le titre, la vénalité subsistait en fait pour les minutes et la clientèle, et lorsque vint la discussion et le vote de la loi organisatrice du notariat du 25 ventôse an XI, les notaires furent de nouveau autorisés à traiter de leurs recouvrements et à disposer de leurs minutes et du bénéfice des expéditions. Et à ce propos, le député Réal, rapporteur de la loi de ventôse, a dit, avec juste raison ; « *C'est* « *aussi une propriété sans doute que cette confiance méritée, que* « *cette clientèle acquise par une vie entière consacrée à un travail* « *opiniâtre et pénible.* »

Dès lors cette distinction, ces droits réciproques parurent si légitimes, si naturels, que les erreurs de la Chancellerie ne changèrent pas pendant la période transitoire de 1791 à 1816. Le gouvernement conférait le titre et ne s'occupait que du titre. Les titulaires traitaient librement de leurs minutes, répertoires et clientèles, et l'on trouve à cette époque plusieurs actes du chef de l'État consacrant d'une manière formelle le droit des titulaires, avoués, notaires et autres, sur leur clientèle.

*
* *

Les choses en étaient à ce point lorsque les Chambres ont voté l'article 91 de la loi du 28 avril 1816, conférant aux personnes qu'il désigne, la faculté de « présenter des successeurs à l'agrément de Sa Majesté. »

La loi du 28 avril 1816 n'est autre chose que la loi de finances, réglant le budget de l'État pour l'année 1816. Les articles 88 et 90 portent augmentation des cautionnements des officiers ministériels et l'article 91 est ainsi conçu :

« Les avocats à la cour de cassation, notaires, avoués, gref-
« fiers, huissiers, agents de change, courtiers et commissaires-
« priseurs, *pourront présenter à l'agrément de Sa Majesté des*
« *successeurs*, pourvu qu'ils réunissent les qualités exigées par
« les lois. Cette faculté n'aura pas lieu pour les titulaires desti-
« tués. Il sera statué par une loi particulière sur l'exécution de
« cette disposition et sur les moyens d'en faire jouir les héritiers
« et ayants-cause des dits officiers. Cette faculté de présenter
« des successeurs ne déroge point au surplus au droit de Sa

« Majesté de réduire le nombre des dits fonctionnaires, notamment
« celui des notaires, dans les cas prévus par la loi du 25 ventôse
« sur le notariat. »

Il n'y a pas lieu d'exagérer, outre mesure, l'importance de
cette législation nouvelle sur les offices. La clientèle ou pratique
des officiers ministériels est un bien qui était dans le commerce,
même sous l'empire des lois réformatrices de la Révolution
française ; or, la valeur de cette pratique, ou clientèle, est une
partie importante de la valeur de l'office et elle n'a certainement
pas été donnée aux officiers ministériels par l'article 91 de la loi
de 1816.

Il y a plus, la faculté de tirer parti, non seulement de la clientèle, mais aussi d'une démission pure et simple, intervenue en
temps opportun, de sorte que l'acheteur de la clientèle, prévenu
avant tout autre, et assisté de son vendeur, ait toutes les faci-
lités pour devancer ses concurrents, l'article 91 ne l'a pas donné
aux officiers ministériels ; car cette faculté, non prohibée par la
loi et tolérée par le gouvernement de la République, et de l'Empire, était, à l'époque dont nous nous occupons, formellement
reconnue par la jurisprudence, en de nombreux arrêts.

Le seul avantage que l'article 91 de la loi de 1816 ait conféré
aux officiers qu'il énumère, c'est donc celui de présenter ouver-
tement, et de faire agréer à coup sûr, *s'il mérite de l'être,* le
candidat auquel ils ne pouvaient, en apparence du moins, céder
qu'une simple clientèle et ne prêter qu'un appui indirect.
L'avantage, évidemment, était précieux, car, si d'une part, les
officiers ministériels ne peuvent faire passer leurs charges en
des mains tierces sans l'assentiment et l'agrément de l'autorité,
de son côté, désormais, le gouvernement ne peut pourvoir les

offices existants, de titulaires nouveaux sans une abdication des titulaires en fonction et en dehors du choix fait par eux.

Ainsi donc, pour nous servir d'une expression aussi heureuse que juste du conseiller d'Etat, M. Cornudet, la loi de 1816 a simplement *consolidé* les offices aux mains de leurs titulaires. Elle a donné la sanction légale à ce qui existait déjà en fait.

La loi de 1816 était à peine votée que diverses ordonnances royales, s'appliquant spécialement aux agents de change, avoués et huissiers, sont venues reconnaître le droit que la loi avait conféré aux officiers ministériels, en déterminant dans certains cas la manière dont ce droit pouvait être exercé. Il résulte nettement de toutes ces circonstances que le gouvernement, tout en réservant son propre droit sur le titre de l'office, a néanmoins réglementé pour ainsi dire la faculté pour le titulaire de disposer d'un attribut de l'autorité publique.

Ainsi donc, qu'elles qu'en soient les restrictions et les charges, il n'en est pas moins vrai, qu'en France, le droit des officiers ministériels sur leurs offices est un droit de propriété.

La propriété, dit Duvergier, se manifeste par trois effets remarquables : La perception des fruits, le droit de conserver les choses d'une manière exclusive et la faculté de transmettre.

Quelque chose de chacun de ces éléments compose l'ensemble des prérogatives accordées aux titulaires d'offices ; aucun ne s'y retrouve entier et complet.

Les officiers ministériels perçoivent les produits de leurs charges, mais ces produits sont limités par des tarifs et sujets à des taxes.

Le droit qu'ils ont sur leurs titres est exclusif ; mais ils peuvent en être dépouillés par mesure disciplinaire.

Enfin, ils ont la faculté d'en opérer la transmission ; mais à cet égard, ils ne jouissent pas d'une liberté pleine et entière ; leurs traités doivent être approuvés par la Chancellerie.

Le droit de propriété sur les offices est donc d'une nature toute particulière. Sans doute, celui qui en est pourvu, a, tout d'abord, le droit d'user et de jouir des prérogatives et avantages réservés à la fonction qu'il occupe ; mais ce droit n'est pas dans le commerce. La loi de 1816 a seulement permis de traiter du droit de présentation. Tandis que les véritables fonctionnaires de l'État ne peuvent que donner leur démission pure et simple, les officiers ministériels ont la faculté de donner une démission en faveur et de stipuler un prix à l'occasion de la présentation de leur successeur ; ce prix comprenant d'ailleurs et pour une forte part la cession de leur pratique et clientèle. Cette présentation laisse toujours le Chef de l'État libre de refuser le candidat présenté. En ce cas, le démissionnaire peut en présenter un autre, et ainsi de suite, jusqu'au moment où l'abus apparaissant, et le service menaçant de rester en souffrance, le gouvernement exercerait lui-même le droit de présentation au nom de celui à qui il appartient.

Des cas de ce genre sont extrêmement rares, s'il en a jamais existé. Le contrôle de la Chancellerie ne s'exerce dans la pratique sur les présentations qu'après l'approbation, non seulement des Chambres de discipline organisées dans toutes les corporations et compagnies, mais aussi après l'enquête faite dans toute la hiérarchie administrative, en remontant des chefs de parquet jusqu'au ministre de la justice.

Grâce à ce système heureux, on a donc pu jusqu'à ce jour en France, tout à la fois éviter la nomination directe de la part du pouvoir, écarter la politique et les influences étrangères, et concilier l'intérêt général et les intérêts particuliers, en protégeant les justiciables contre de mauvais choix.

Telles sont les conditions qui, depuis 1816, ont présidé en France à la libre transmission des offices.

* *

En 1830, l'Algérie est conquise et devient une terre française. Bientôt des transactions s'y produisent. Deux notaires sont nommés en 1832, l'un à Alger, l'autre à Bône ; ces nominations émanent de l'Intendant civil dont les pouvoirs personnels n'ont point été contestés, mais les nominations faites par lui ont été annulées par arrêt de cassation du 9 mai 1842.

Jusqu'en février 1841, ce fut le Ministre de la guerre qui donna l'investiture aux notaires algériens.

Puis les ordonnances du 18 février 1841 et du 26 septembre 1842 conférèrent au Ministre de la guerre le droit de nomination des officiers ministériels.

Enfin, un arrêté du Ministre de la guerre du 30 décembre 1842 institue le notariat en Algérie sous certaines conditions. On y remarque notamment, au point de vue qui nous occupe, les passages suivants :

« ARTICLE 3. — Le nombre des notaires est réglé selon les « besoins du service.

« Article 14. — Les offices de notaires sont incessibles.
« Il ne pourra être traité, sous aucun prétexte, de la cession du
« titre et de sa clientèle.

« Article 30. — Sont rendus communs aux notaires de
« l'Algérie, sauf les modifications de l'ordonnance, les articles 8,
« 10 § 2, 13 à 18, 20 à 27, 29, 30 et 68 de la loi du
« 25 ventôse, an XI ; 971 à 977, 979, 1317 à 1320 du
« code civil.

« Article 53. — Le notaire qui, par suite d'infirmités
« physiques ou morales, se trouverait hors d'état de continuer
« l'exercice de ses fonctions, sera remplacé. »

Ainsi donc, l'Ordonnance qui vient d'être citée prohibe la
cession de la simple clientèle comme celle du titre lui-même,
et va jusqu'à déclarer que tout traité à cet égard, entraînera
la révocation et du cédant et du cessionnaire !...

Un décret du 20 août 1848 réserve exclusivement au roi
la nomination des officiers ministériels algériens.

Et un dernier décret du 18 janvier 1875 crée, en Algérie,
des greffiers-notaires avec des attributions déterminées.

*
* *

Tel est l'état de la législation régissant les notaires algériens
et assimilable presque en tous points aux autres officiers
ministériels de la colonie.

Ainsi, avant 1832, pas de notaires en titre.

De 1832 à 1841, des notaires sans investiture régulière, incapables de donner l'authenticité à leurs actes. (Cassation, 9 mai 1842.)

Les officiers ministériels algériens n'étaient dès lors que des fonctionnaires, ou mieux des agents du pouvoir colonial ou du ministère de la guerre. De là, le point de départ de l'état d'infériorité contre lequel nous nous élevons.

Le décret de 1848 les fait entrer dans la grande famille des officiers ministériels et on a pu supposer un instant qu'il était abrogatif de l'arrêté du 30 décembre 1842, mais la Chancellerie a déclaré que l'incessibilité des charges était maintenue avec toutes ses conséquences.

Bientôt, pourtant, la loi du 19 mai 1849, accorde une réparation équitable aux colonies de la Martinique, de la Guadeloupe, de l'île de la Réunion et de la Guyane, et un décret du 14 juin 1864, organisant le notariat à la Martinique et à la Guadeloupe, consacre en droit ce qui existait d'ailleurs en fait et la vénalité des offices, c'est-à-dire le droit de présentation, est proclamé partout ailleurs qu'en Algérie.

Et cela répondait si bien à un ordre de choses entré dans les mœurs et donnant satisfaction à des intérêts réels que lors de l'annexion de la Savoie et du comté de Nice, en 1860, un sénatus-consulte y a rétabli ce droit de présentation racheté par le Gouvernement Sarde aux titulaires des offices.

Pourquoi donc l'exception fâcheuse dont l'Algérie a été frappée depuis 1849 ?

Cette exception, dans le principe, et jusqu'à cette date de 1849, peut se concevoir, car il s'agissait alors d'un pays relativement lointain et encore troublé ; la conquête s'y achevait à peine. Le Gouvernement pouvait se trouver parfois en disette de sujets sérieux et capables ; tant de gens considéraient alors l'habitation d'une colonie comme une véritable expatriation. Les esprits aventureux fournissaient, à cette époque de troubles, la majeure partie du contingent de fonctionnaires ou d'employés civils, et, d'un autre côté, dans un pays agité, il est utile souvent que le gouvernement trouve un dévoûment absolu, et, les autorités locales, une obéissance passive et aveugle. On comprend, dès lors, que l'État ait voulu garder dans ses mains une arme puissante contre les indignes ou les caractères doués d'une indépendance trop grande : le droit de révocation pure et simple ; et, en même temps, un sujet d'émulation pour les titulaires dévoués au pouvoir : l'avancement.

Mais aujourd'hui les temps sont bien changés. L'Algérie, pacifiée depuis longues années, s'est couverte de villes florissantes et de riches campagnes ; elle n'est plus même une colonie, mais elle forme depuis le 24 octobre 1870, trois nouveaux départements français ; chaque jour qui s'écoule la rapproche de la métropole par une plus grande facilité de communications ; enfin, les voies ferrées ont apporté la richesse jusqu'aux portes du Sahara, et la population va toujours progressant.

Il résulte de cet état de choses que les candidats aux fonctions publiques et aux offices abondent dans les trois provinces ; que le très grand nombre présente toutes les garanties exigées ; que tous désirent avoir le droit, comme en France, de choisir leur résidence, de consacrer leur temps, leur capacité, leur intelligence à la prospérité d'une étude qui serait leur propriété, en ce sens qu'ils pourraient la transmettre à leurs enfants, ou la céder à un successeur connu d'eux-mêmes, élevé et instruit par eux et ayant toute leur confiance.

Pourquoi leur refuser cet acte de justice, ce retour au droit commun ?

Tous les Français étant égaux devant la loi, d'après notre droit constitutionnel, il n'y a pas de motifs pour que les officiers ministériels de l'Algérie soient moins bien traités que ceux de la Martinique, de la Guadeloupe, de l'Ile de la Réunion et de la Guyane et ceux de la France.

Cependant cette inégalité existe ; les uns, ayant la propriété de leurs offices, tandis que la faculté de présenter un successeur est déniée aux autres.

Et elle existe malgré l'égalité dans les charges et les obligations professionnelles, plus délicates encore dans un pays composé d'éléments divers au point de vue de la nationalité ; ce qui oblige l'officier ministériel algérien à des études spéciales assez ardues.

En maintenant cette inégalité la Chancellerie froisse dans une certaine mesure les officiers ministériels dans leur dignité et les corporations auxquelles ils appartiennent sont atteintes dans leur considération par la comparaison que chacun est à même de faire entre elles et celles de la métropole ou des colonies.

Ceci nous amène à nous poser les diverses questions suivantes que nous examinerons chacune en son lieu et sous un chapitre particulier, en nous plaçant spécialement au point de vue du notariat.

1º Le régime actuel est-il dans l'intérêt de la colonie algérienne ?

2º La cléricature algérienne a-t-elle intérêt au maintien de ce régime ?

3º Le gouvernement à son tour, est-il intéressé à conserver ce régime d'exception ?

4º Conclusion. — De l'esprit général et assimilateur de la mesure proposée.

CHAPITRE Ier

Le régime actuel du notariat algérien est-il favorable aux
intérêts de la colonie ?

Poser la question de l'intérêt public, c'est la résoudre en faveur de la libre transmission des offices.

Depuis longtemps, les trois conseils généraux de l'Algérie ont dans ce sens formulé des vœux, motivés surtout sur ce fait que « la facilité de transmission des charges donnerait sécurité au public, attirerait des capitaux dans la colonie, y favoriserait la constitution de la famille et y appellerait des familles nouvelles. »

En Algérie, le notaire n'est à proprement parler qu'un fonctionnaire. Il exerce ses fonctions aujourd'hui dans telle localité, demain dans telle autre, ayant longtemps comme principal souci son avancement. L'incertitude de la durée de ses fonctions dans une résidence de passage l'éloigne de tout projet d'établissement définitif. Il n'entretient que des relations d'affaires avec des clients qu'il devra quitter au premier jour, et brusquement. Il se borne donc simplement à faire à leur égard son devoir d'officier public d'une façon officielle. Et, de leur côté, ses clients qui savent que ces relations passagères seront vite rompues, accordent à leur notaire leur estime, sans doute, leur confiance, souvent ; mais il n'y aura jamais entre eux cette cordialité expansive, cet abandon qui est le propre de l'intimité et qui ont placé le notariat à un si haut degré d'honneur dans la société française.

Vienne bientôt, et souvent à des intervalles très rapprochés, le changement de résidence du titulaire, il n'y a pour ainsi dire, à l'égard du public, pas de successeur de l'office, pas de transmission de responsabilités et de mandats reçus ; bien des traditions et des notions importantes sont perdues sans retour, et le notaire qui part, n'ayant plus souci que de ses recouvrements, emporte avec lui, pour les faciliter, des documents qui eussent été précieux à son successeur pour la bonne gestion des affaires attachées jusqu'alors à l'étude.

En France, le notaire joue un rôle tout différent dans la société. Nommé à vie, dès le jour de son entrée en fonctions il appartient au pays qu'il a choisi. Bientôt en s'alliant à une famille de la contrée, lorsqu'il n'en est pas lui-même originaire, il y consacre ses droits de cité ; il y met tous ses intérêts et ceux de ses proches ; il y constitue souvent une grande famille. Appelé à vivre et à vieillir au milieu de ses clients, ses rapports avec eux deviennent chaque jour plus étroits, plus intimes, et il acquiert ainsi, sans tarder, cette confiance, cette autorité morale qui font de lui le conseil de toutes les affaires, étrangères même parfois à ses fonctions, et le rendent l'arbitre écouté et respecté de tous les petits différends qui surgissent fatalement dans la plupart des questions d'intérêts.

*
* *

L'officier ministériel algérien n'a donc que l'usufruit de sa charge ; le droit de propriété sur la clientèle, reconnu à toute époque dans la métropole, lui étant absolument refusé ici. Cela étant, on est porté à se demander si l'intérêt public est indifférent à cette sorte d'exploitation temporaire.

Sur ce point délicat laissons la parole au rapporteur de la loi de ventose. M. Réal, qui à l'Assemblée Constituante, disait en termes aussi heureux que modérés : « C'est une propriété que cette confiance méritée, que cette clientèle acquise par une vie entière consacrée à un travail opiniâtre et pénible. Mais si, dans la place qu'il occupe, le fonctionnaire ne peut jamais espérer de pouvoir, en aucune manière, disposer de cette propriété, s'il ne peut avoir une influence, même indirecte, sur la disposition qui en sera faite, si, même dans un système de concours, il est convaincu que toutes les peines qu'il se donne ne profiteront qu'à lui seul, que jamais son fils, ou l'homme dont il aura soigné l'instruction, qui aura secondé ses travaux, agrandi ses succès, ne pourront retirer le moindre profit de ses veilles, il se regardera comme un simple usufruitier, *et il exploitera son emploi comme l'usufruitier exploite la terre dont un autre a la nue propriété.* Cet état de choses enlève ainsi aux notaires un des grands motifs de travail et d'émulation, une des plus douces consolations de la vie, *et peut-être le lien le plus fort qui puisse attacher l'homme à la probité, à sa réputation.* »

Ces paroles étaient dites en 1791 par l'orateur du gouvernement, dans une assemblée française, et quelle assemblée ! celle qui jetait à bas tous les privilèges surannés pour consacrer hautement le droit de propriété, partout où il se présentait légitime et profitable à la nation comme aux individus.

**
**

Autre question délicate :

Quelle est, en Algérie, la garantie actuelle du client vis-à-vis de l'officier ministériel, incapable, négligent ou malhonnête ? Sur quelles valeurs ce client exercera-t-il son recours dans le cas où le notaire aura encouru des responsabilités pour faits de charge, ou en cas de malversations ?

Il faut bien convenir qu'à cet égard, et en l'état actuel, la victime se trouve absolument privée de toute réparation pécuniaire pour le préjudice qu'elle a éprouvé.

Ce n'est certes pas le faible cautionnement de l'officier ministériel qui l'indemnisera, et ce cautionnement fut-il un jour augmenté dans une large proportion, le résultat sera presque absolument identique.

Le notaire le plus honnête, le plus capable, le plus soigneux des détails des affaires qui lui sont confiées peut encourir une responsabilité, tant son mandat est rigoureux. Une inattention, une erreur, un oubli peuvent entraîner les plus graves conséquences pour la fortune du client; mais, si le chiffre du préjudice est gros, quelle sera la garantie de la réparation du préjudice à l'égard du notaire simple usufruitier de sa charge ? La plupart du temps cette garantie sera illusoire; elle reposera tout au plus sur des promesses de paiements partiels, échelonnés sur les économies que le notaire pourra faire, ou ne pas faire le plus souvent, sur les revenus de son étude pendant tout le temps qu'elle restera dans ses mains.

Mais qu'arrivera-t-il dans le cas du décès d'un titulaire ayant encouru une lourde responsabilité, et, a fortiori, dans le cas d'une révocation pour malversations? Le sacrifice alors est complet, la victime est parfois ruinée sans ressources; le désastre est absolu, car il reste pour tout actif le cautionnement de l'officier ministériel ; c'est juste assez pour payer les frais de justice !

Dans ces cas trop malheureux, mais qui sont en réalité très rares, eu égard au grand nombre d'officiers ministériels, le système de la libre transmission, usité en France et aux Colonies, laisse aux victimes de ces désastres professionnels des chances sérieuses d'une réparation, même complète.

Outre le cautionnement très élevé que supportent, en France, les titulaires d'un office, la valeur de la charge, c'est-à dire le prix qu'en retire le titulaire lui-même, ou, à son défaut, ses héritiers, ou l'Etat, vient indemniser dans une large mesure, sinon intégralement, le client du préjudice qu'il a éprouvé, et cela pour tous les faits de charge sans exception et, aussi, par privilège et préférence à toutes autres dettes du titulaire.

La libre transmission des offices en apportant un élément nouveau et considérable pour l'augmentation de la fortune publique en Algérie, y assurerait donc aux justiciables des garanties qui leur font défaut aujourd'hui pour tous les faits de charge sans exception.

On objecte parfois que la France qui jouit de la libre transmission des offices et des avantages qu'elle procure n'est pas à l'abri de ces catastrophes dues la plupart du temps à la fièvre de l'agio. Cela est vrai sans doute et nous n'avons pas la prétention de présenter notre système métropolitain comme une panacée destinée à purger la société de toutes les verrues morales dont elle est affligée. Quelles que soient les sages précautions employées par le législateur, il y aura toujours des hommes imprudents et des hommes malhonnêtes, et quelle est la classe, si élevée soit-elle, quelle est la carrière, si honorable que l'on voudra, qui est à l'abri de ces infirmités ? Et s'il arrive que, sur des milliers d'officiers ministériels, quelques rares individus succombent, faut-il pour cela méconnaître et le principe lui-même et les services qu'il a rendus jusqu'à ce jour à la société française. C'est pour cela que, reprenant notre pensée, nous répétons que grâce au système métropolitain, lorsqu'il arrive une catastrophe professionnelle, elle a du moins des conséquences moins funestes pour ceux qui en sont les victimes, et qui trouvent alors une juste réparation dans le prix de la charge du notaire imprudent ou infidèle.

*
* *

Il est enfin une autre considération d'une importance plus grande que ne semble le croire l'Administration et qui résulte, au grand détriment des justiciables de l'Algérie, du système de la nomination directe des officiers ministériels par l'État.

Le préjudice dont nous parlons résulte de la solution de continuité qui se produit par la cessation des fonctions d'un titulaire dans la marche des affaires et dans les relations et les traditions qui constituent une étude. Il est de nombreux exemples, en effet, où les études en Algérie sont demeurées vacantes perdant plusieurs mois, les minutes et dossiers étant sous scellés, ou confiés à un confrère du titulaire démissionnaire ou défunt.

Cet inconvénient très grave ne saurait exister sous le droit commun qui présente, en outre, certains avantages spéciaux qui dérivent de l'application de la loi de 1816.

Lorsque le titulaire d'un office métropolitain arrive au terme de sa carrière et qu'il a fait choix, ainsi que nous le dirons bientôt, d'un successeur offrant à ses clients, comme à lui-même, toutes les garanties désirables, la transmission de l'office s'opère sans secousse, sans solution de continuité.

Le prix de la cession n'étant que la représentation de la valeur de l'office, cet office doit être livré à l'acquéreur muni de tous les éléments qui constituent cet avoir : minutes, archives, dossiers, notes et projets, etc...., voire même jusqu'aux relations d'amitié qu'avait le précédent titulaire et que le successeur transmettra lui-même plus tard comme étant une des traditions séculaires de l'étude.

Aussi, dès la signature du traité, et parfois même avant qu'il ne soit devenu définitif, le notaire met son successeur en rapport avec les clients, lui donnant sur les projets, les habitudes, les exigences et le caractère de chacun, tous les renseignements utiles, en sorte que cette investiture de la clientèle et des affaires, précédant la prise de possession, la prépare heureusement et assure le fonctionnement régulier de l'office pendant sa transmission, et cela, sans interruption, et, par conséquent, sans le moindre préjudice pour les affaires en cours, sans dérangement aucun pour les clients.

La transmission consommée, le nouveau titulaire, pour qui sa charge représente un capital, n'a plus qu'un désir, celui de conserver intact ce capital, et par suite, qu'une sollicitude, celle de la bonne gestion des intérêts de sa clientèle, de la fidélité de laquelle dépend, en grande partie, le sort de ce patrimoine.

L'intérêt du public est donc, pour toutes ces causes, nécessairement et intimément lié avec l'intérêt du titulaire démissionnaire et celui de son successeur. Il y a là, au point de vue social, une triple solidarité d'intérêts d'un caractère élevé qu'on regrette de ne pas trouver dans le système autoritaire de la transmission des offices algériens, au grand détriment des justiciables de la colonie.

CHAPITRE II

La cléricature algérienne a-t-elle intérêt au maintien du régime actuel ?

———

Des observations qui précèdent, il ressort clairement que les officiers ministériels d'Algérie souffrent réellement, dans leurs intérêts, de la loi d'exception qui les frappe. Fonctionnaires soumis au pouvoir, leur sécurité et leur indépendance sont très incertaines. Simples usufruitiers pour un temps, ils ne peuvent disposer, après des années d'un travail opiniâtre et pénible, selon l'expression de M. Réal, de cette pratique, de cette clientèle reconnue en France comme une propriété par tous les gouvernements qui se sont succédés depuis 1789, et qu'on leur refuse ici.

Mais, dira-t-on, si le titulaire a quelque raison de se plaindre, le postulant a tout bénéfice à trouver, sans bourse déliée, une situation toute faite.

Voyons-donc, si la cléricature de la colonie, cette cléricature aussi nombreuse qu'intéressante, qui gravite autour des titulaires algériens, trouve pour elle-même, une réelle compensation dans cette loi d'exception.

Dans un gouvernement démocratique, et sous le règne de la liberté, chacun peut être le fils de ses œuvres. Inconnu, sans protection aucune, on doit pouvoir aspirer à une position quelconque avec du travail. de l'ordre, de la probité et de la moralité, et, ces conditions réunies, être certain de ne pas dépasser un âge déterminé sans être admis à traiter d'un office, si tel est le but des aspirations de cet honnête travailleur.

En est-il ainsi en Algérie?

Non certes, et le nombre est grand, en regard des heureux élus, de ceux qui, après quinze et vingt années d'attente, renoncent à leurs aspirations devant l'heure prochaine d'un repos nécessaire, ou se jettent dans la première carrière qui s'ouvre, bonne ou mauvaise, devant eux ; à moins que, découragés tout-à-fait, ils ne rentrent en France, y ramenant en même temps leur famille.

Et pourtant. dès leur sortie du collège, comme les autres clercs des départements français, ils se sont attachés à une étude et y ont étudié patiemment, laborieusement, les affaires très complexes de ce pays où toutes les nationalités apportent des règles de droit variées et appropriées à leur statut personnel. Ils ont dû souvent, et dans l'intérêt de l'étude qui les a accueillis, apprendre et la langue arabe et les idiômes étrangers qu'on parle dans le pays. Ils ont passé bien des années à se familiariser avec les règles et les formalités compliquées qu'entraîne la législation indigène. Leur capacité, leur expérience pratique sont incontestables ; mais lorsque, de loin en loin, survient une vacance, ils trouvent sur le chemin de l'Officiel la multitude des favoris du pouvoir. La place alors n'est pas au plus digne, mais au mieux recommandé.

⁎

Nous avons déjà dit, à propos de la transmission des offices en France, quels sont les usages adoptés à cet égard entre clerc et patrons, au grand bénéfice des justiciables, et qui découlent de l'heureuse application des lois de Ventôse et de 1816.

En France, le clerc qui commence son stage et s'est fait inscrire à la Chambre de la corporation du ressort, songe déjà à la résidence où doivent tendre ses efforts. Bien souvent l'étude qu'il convoite a appartenu autrefois, ou appartient présentement, à un membre de sa famille ; ailleurs, ce sera un projet d'alliance qui a déterminé la carrière du jeune clerc. Enfant du pays la plupart du temps, ses projets y sont connus ou devinés à l'avance, et l'on suit avec intérêt et sa conduite privée, et ses progrès dans l'étude des affaires. Sa famille l'appuie de toute l'influence dont elle peut disposer, soit comme fortune, soit comme considération. S'il est le fils de cultivateurs honnêtes et respectés, il n'en sera souvent que plus sûr d'augmenter la valeur de l'étude qu'il choisira, parce qu'il échappera plus facilement aux luttes de clocher, et que les paysans du canton seront fiers de voir un des leurs conduire leurs affaires.

Ce stage achevé, le candidat est mûr pour la direction d'un office comme pour la vie de famille. Déjà le projet de cession de l'office est préparé, mais avant qu'il ne devienne définitif, le candidat vient prendre une sorte de possession provisoire de l'étude qu'il a choisie ; le titulaire le met alors en rapport avec ses meilleurs clients et s'enquiert secrètement auprès d'eux de leur sentiment sur son futur successeur. C'est qu'en effet, en dehors du prix de la cession et de ses propres intérêts matériels pour lesquels des garanties peuvent lui être données, l'officier ministériel craint de léser par un choix, imprudent peut-être, les intérêts d'une clientèle dévouée, et d'engager l'avenir d'un office dans lequel il a passé les longues années d'une vie intègre et laborieuse et sur lequel il a, pour ainsi dire, un juste droit de paternité.

Ce n'est qu'après ces préliminaires d'une haute prudence que le titulaire de l'office métropolitain présente son successeur, d'abord à l'agrément de la Chambre de sa corporation, chargée légalement de reconnaître la capacité et la moralité du candidat, puis à l'agrément du parquet, des membres du tribunal du ressort et enfin de la Chancellerie dont la mission spéciale est de vérifier les clauses du traité de transmission pour en réduire les conditions qui paraîtraient trop onéreuses pour le candidat.

Le choix d'un officier public peut-il être fait dans de meilleures conditions d'impartialité, de prudence et de circonspection ?

C'est qu'en effet, dans cette transmission aussi simple qu'honorable d'une étude, si le titulaire, en recevant la rémunération pécuniaire de longs travaux, obtient cette légitime satisfaction qu'on éprouve à se savoir dignement remplacé, le successeur, de son côté, placé dans une résidence de son choix, ayant acquis un office en rapport avec ses aptitudes et ses moyens pécuniaires et entouré de ses parents et amis, saura mieux que tout autre se garder de toutes fautes graves et conserver intactes les traditions professionnelles.

*
* *

En Algérie la situation est tout autre.

Si le candidat, après plusieurs années de cléricature a pu, au prix de démarches et de sollicitations infinies, ou d'intrigues parfois compromettantes, obtenir une nomination, c'est le hasard qui lui indique sa résidence. S'il est né ou s'il a été élevé sur un point du territoire où sa famille a tous ses intérêts et ses biens, il lui faudra, de par le sort aveugle, aller s'installer à 200 lieues de là, dans une localité plus ou moins salubre, loin de ceux qui pouvaient contribuer et par eux-mêmes et par leur influence locale, à la prospérité de son office. Il se trouve donc isolé, brusquement séparé de ses habitudes, de ses relations et de ses conseillers naturels. Bientôt, la plupart du temps, son ambition, stimulée par la nostalgie, renaît plus ardente et lui fait désirer un poste nouveau et plus considérable. Il recommence alors une série d'intrigues et de sollicitations qui lui font négliger et ses propres intérêts et ceux de ses clients.

Triste situation faite à la cléricature algérienne en regard des clercs de la métropole, maîtres de leur avenir, surveillés, conseillés et soutenus par les Chambres de discipline de leurs corporations !

Aussi n'est-il pas étonnant que les postulants algériens qui devraient être, en apparence, les plus intéressés à la gratuité de l'investiture, sont ceux-là même qui sollicitent la libre transmission des offices comme un bienfait.

C'est ainsi qu'à diverses reprises, en 1876 notamment, lorsqu'il fut question dans les Chambres françaises d'appliquer le droit commun aux offices algériens, une pétition couverte des signatures de la presque unanimité des clercs de la colonie, et appuyée par les vœux sympathiques des trois conseils généraux de l'Algérie, fut adressée au gouvernement et aux Chambres pour les supplier d'accorder ici, aux officiers ministériels et à leurs clercs, le bénéfice des lois qui régissent la métropole et les colonies.

Les principales raisons invoquées par la cléricature de tous les offices algériens, en faveur du droit de présentation, étaient :

1° Le désir de faciliter l'accès des offices à tous les mérites ;

2° La garantie que des offices transmissibles offrent aux clients, ainsi qu'aux familles des titulaires par la création d'une valeur importante, produit du travail de toute une existence ;

3° Le rattachement définitif, au sol algérien, de nombreuses familles d'officiers ministériels et de leur fortune acquise, tandis qu'en l'état actuel, elles ont l'esprit de retour en France ;

4° La compétence incontestable d'un titulaire pour le choix de son successeur à l'exclusion des influences qui pèsent sur l'administration ;

5° La conservation des traditions d'étude et de secrets de famille qui se transmettent au successeur, tandis que sous le régime actuel, tout est brisé et à refaire par plusieurs années de labeur ;

6° Le caractère différent de la jouissance d'un usufruitier avec celle d'un propriétaire ayant le droit de transmettre ; par conséquent ayant intérêt à bien faire et à améliorer son office ;

7º Enfin l'intérêt du Trésor public, appelé notamment à recevoir des titulaires un supplément de cautionnement considérable, indépendamment des droits d'enregistrement à percevoir sur les cessions d'office et qui s'élèveraient, chaque année, à un chiffre important sur l'ensemble des traités.

*
* *

Nous dirons bientôt quel fut le sort de cette pétition qui avait reçu l'appui le plus bienveillant des corps élus et de toute la presse algérienne, et qui fut déposée sur le bureau de la Chambre par l'honorable et regretté M. Lambert, alors député du département d'Alger.

CHAPITRE III

Le Gouvernement est-il intéressé lui-même à conserver en Algérie ce régime d'exception ?

Sous ce titre de *Gouvernement* nous comprenons ici à la fois et l'Etat proprement dit, tant au point de vue métropolitain qu'au point de vue de la colonie algérienne, et les fonctionnaires de l'ordre administratif et de l'ordre judiciaire, et encore la représentation coloniale.

*
* *

Nous devons être sobres de réflexions, sur l'intérêt qu'il y aurait à une libre transmission des charges algériennes, en ce qui concerne le rôle actuel des hauts fonctionnaires et de la députation dans la dispensation souvent imméritée de ces offices. Nous touchons là à des considérations d'un ordre moral qui seront comprises surtout par ceux qui connaissent, pour les avoir vus de près, les abus qui se sont produits à cet égard sous tous les régimes.

On conçoit sans peine qu'après la conquête achevée et alors qu'on venait, par la loi du 19 mars 1849, de donner aux autres colonies le régime du droit commun, le gouvernement impérial ait voulu maintenir l'Algérie dans une situation exceptionnelle. Cette situation n'avait d'autre cause plausible que le désir du pouvoir de maintenir à son profit un moyen puissant d'influence, en se réservant la dispensation de positions, alors plus lucratives que de nos jours et d'autant plus enviées que l'Algérie est à quelques heures de la France.

Combien de fois n'est-il pas arrivé que le ministre, passant à pieds-joints sur les propositions faites par les chefs de la magistrature algérienne, a éliminé des candidats présentant toutes les garanties d'aptitude et de moralité pour gratifier d'un office important une créature du favoritisme ou du népotisme ? Tout était faveur en haut lieu, offices, vastes concessions de terres, emplois, ou plutôt sinécures plantureuses.

S'il s'est produit depuis lors quelque amélioration, quelque changement de main dans la dispensation des grâces, il faut bien reconnaître que le règne de la faveur, en matière d'offices ministériels, existe toujours. C'est ainsi que le mal se perpétue, même sous un régime démocratique, sous le régime de la liberté, parce que tout cela est le résultat d'une règle fatale, inéluctable : la répugnance qu'éprouve le pouvoir à se diminuer. Et c'est pour cette raison qu'il y a peu d'années un chef du parquet général d'Alger, interrogé s'il appuierait la demande relative à la libre transmission des offices, répondait : « Si l'on me consulte comme praticien et comme justiciable, ma conscience me dit que la mesure est excellente et juste ; mais, comme chef de parquet, je dois résister dans une certaine mesure, parce que je ne puis laisser amoindrir l'influence que donne à la magistrature la présentation directe aux emplois vacants. »

Il est en effet de l'essence du pouvoir de n'abandonner pas facilement ses prérogatives, mais de chercher au contraire à en élargir le cercle. Qu'il soit monarchique et autoritaire, ou démocratique et représentatif, les tendances du pouvoir sont identiques, la main distributrice seule diffère. Et à tous ceux qui, se méprenant sur ce que renferme de liberté réelle la loi de 1816, demandent la suppression de ce qu'ils appellent la vénalité des offices, nous ne ferons que cette simple réflexion dans l'intérêt du pays, c'est qu'ils se rendent compte de ce que pourrait contre la liberté, un pouvoir hardi qui, disposant déjà de l'armée et de la magistrature, associerait à sa fortune par la libre dispensation des charges les quarante à cinquante mille officiers ministériels répandus sur tout le territoire métropolitain ! Le droit de disposer de pareilles faveurs ne constituerait-il pas un privilège plus exorbitant et surtout plus dangereux que le droit légitime dont nous demandons aujourd'hui l'établissement sur cette terre devenue française ?

Quelque jaloux que soit le pouvoir de ses prérogatives ; quelle que soit la répulsion des bureaux administratifs pour toutes les innovations, ou les changements, alors surtout qu'ils ont un caractère libéral, la Chancellerie, composée d'hommes éclairés et sages, ne peut pas ne pas reconnaître que le système de transmission directe, toujours contrôlé par elle, aurait cette avantage précieux et incontestable de débarrasser la haute administration de la nuée de solliciteurs patronnés qui absorbent son temps et l'exposent trop souvent, et à son insu, à des choix malheureux dont on fait monter la responsabilité jusqu'à elle. Il la dispenserait pour l'avenir d'intervenir sans utilité dans les affaires privées, en réduisant son rôle à des actes de surveillance et de régularisation.

De leur côté, les sénateurs et députés, n'étant plus harcelés par les correspondances et les sollicitations incessantes, et des postulants et de leurs protecteurs et amis, auraient plus d'indépendance vis-à-vis de leurs électeurs dont ils ne craindraient plus de froisser le plus grand nombre pour la satisfaction d'un seul ; et l'on verrait dès lors s'éteindre le double foyer d'intrigues qui existe d'une part en Algérie pour les présentations, et d'autre part à Paris pour les nominations.

*
* *

Ces considérations au point de vue d'une bonne et sage administration ont bien leur prix dans un État fondé sur le principe démocratique, et suffiraient seules à trancher la question ; mais nous devons aussi examiner le côté pratique, pécuniaire, si l'on veut, qui intéresse également l'État. Or le régime actuel auquel sont soumis les offices algériens fait perdre à l'Etat chaque année des sommes considérables, tandis que l'application du droit commun ouvrirait une source progressive de revenus pour le Trésor public, en favorisant d'ailleurs la colonisation de l'Algérie.

Dans l'intérêt du fisc, il y a lieu de se reporter à la différence très sensible qui existe entre le taux des cautionnements versés par les officiers ministériels de la métropole et celui des cautionnements qui ont été imposés jusqu'à ce jour aux algériens. Cette différence dépasse aujourd'hui deux millions dont l'Etat aurait immédiatement le bénéfice et dont il ne paierait l'intérêt qu'à trois pour cent pendant le temps légal fixé par la loi de finance. Ce chiffre s'augmenterait d'ailleurs chaque année par suite de la création de nouvelles charges puisque l'Etat conserve toujours, et dans tous les cas, le droit d'instituer de nouveaux offices dans les localités où cela est jugé nécessaire pour les besoins du service.

L'État percevrait en outre chaque année un gros revenu représenté par les droits d'enregistrement résultant de la cession que divers titulaires feraient de leurs offices. Le droit de transmission des charges a été fixé par la loi du 28 février 1872 à trois pour cent du prix de la cession. En évaluant à cinq millions seulement la valeur actuelle des offices algériens, ce chiffre, qui tendrait d'ailleurs à augmenter sans cesse par suite de nouvelles créations, produirait une perception de 150,000 fr. environ, se renouvelant tous les huit ans en moyenne sur l'ensemble des offices.

Nous ne parlons que pour mémoire des bénéfices que retirerait en outre le Trésor des droits d'enregistrement perçus sur toutes les négociations qu'entraînent nécessairement la transmission d'une charge de cette nature et l'installation définitive dans une résidence de leur choix des nouveaux titulaires et de leurs familles.

*
* *

Mais, en dehors de ces avantages précieux pour l'Etat, quelle ne serait pas en Algérie l'augmentation de la fortune publique amenée par la constitution immédiate d'un capital réel et commercial de plus de cinq millions, représenté par la valeur actuelle des offices et qui irait croissant sans cesse par de nouvelles créations ?

Ce serait là, il faut bien en convenir, un élément nouveau et considérable de richesses, une propriété, une fortune aussi solidement attachée à l'Algérie que l'est le sol lui-même. Cet élément, en entrant dans la circulation, concourrait à la prospérité générale, et dans un pays en voie de formation, cette considération a son prix.

Au point de vue colonial, il se produirait encore un heureux résultat de cette situation, désormais bien définie, des offices publics. On peut dire sans témérité que l'officier ministériel continue généralement à habiter la contrée où il a exercé pendant de longues années, où il s'est créé des amitiés durables, et dans laquelle il a des intérêts matériels à surveiller. De là une stabilité que l'on rencontre rarement chez le simple bénéficiaire d'un office qui, comme beaucoup de fonctionnaires, a hâte de retourner dans la mère-patrie. Or, cette stabilité amène la famille, la famille les alliances, et le tout forme, au grand bénéfice de la colonie, une bonne et saine population.

Il n'est pas téméraire d'ajouter que cette stabilité de l'officier public, cette famille, ces alliances seraient de nature à exercer une salutaire influence sur le public en général, et l'indigène en particulier. Ils sauraient que l'officier ministériel n'est plus un fonctionnaire soumis aux caprices du pouvoir ; mais qu'il a une fortune personnelle consistant dans la valeur de son office et que, autour de lui, se groupent des parents et des amis intéressés à sa prospérité. De là, une situation qui commande la confiance et amène des liaisons et des amitiés durables. L'assimilation se fait ainsi chaque jour, sans efforts, par la communauté des intérêts et la fusion insensible des races.

*
* *

Tous ces avantages considérables et aussi précieux pour le Trésor que pour la colonie, avaient été signalés, dès 1876, à M. Gambetta, par M. Lambert, alors député de l'Algérie. Aussi, M. Gambetta, dont l'esprit éminent ne se laissait point arrêter par des mots dont on peut, à volonté, dénaturer le sens, selon les besoins du moment, avait bien compris que cette vénalité des charges, loin d'être opposée aux principes démocratiques était, au contraire, une arme de liberté en même temps qu'une source de progrès. Aussi, lorsque vînt à la Chambre la discussion du budget de 1876, M. Gambetta qui présidait la commission parlementaire, fort des pétitions adressées par la cléricature algérienne et des vœux formulés par les trois conseils généraux de l'Algérie, fit insérer purement et simplement dans la loi de finance, une disposition qui assimilait les offices algériens à ceux de France au point de vue du droit de présentation et des charges fiscales qui en résulteraient. Il imitait, en cela, le législateur de 1816 qui, lui aussi, avait cédé une partie des prérogatives de l'État par une mesure financière.

La très grande majorité des membres de la Chambre, lorsque vînt la discussion des crédits, se montra très favorable à ce projet d'assimilation, le reconnaissant aussi juste que fondé ; mais une question de forme, soulevée par le Ministre des finances, divisa malheureusement une partie de la majorité, et il fut décidé que la proposition de la Commission du budget lui serait renvoyée pour entendre les ministres compétents sur la rédaction d'un projet de loi spécial et distinct de la loi de finance.

Ceci se passait le 16 décembre 1876 ; peu de temps après, la Chambre était dissoute, une révolution parlementaire avait lieu, et M. Lambert mourait sans avoir pu donner aux Algériens, ses commettants, la juste satisfaction qui leur était due.

CHAPITRE IV

CONCLUSION. — *De l'esprit général et assimilateur de la mesure proposée.*

Dix années se sont écoulées depuis que la proposition de M. Lambert, déposée sous le patronage de M. Gambetta, a reçu moralement l'approbation de la Chambre législative, et malgré les inconvénients graves du régime d'exception et l'instabilité administrative où elle est restée placée, l'Algérie a fait de nouveaux progrès. L'assimilation se fait chez elle constamment par la force même des choses, et, si l'on y est divisé parfois à cet égard sur quelques détails d'exécution, le principe lui-même reste entier, comme le résultat d'une nécessité sociale.

Le 13 février 1878, M. Gambetta, en prenant possession du fauteuil de la présidence de la Commission Algérienne, disait :

« L'heure est venue de démontrer que ce n'est pas en vain qu'on a donné à l'Algérie une constitution politique par la représentation élective... Nous entrons ici avec le désir d'en finir avec la variété des systèmes, avec la mobilité des combinaisons, avec surtout cette sorte de prétention que l'Algérie est un pays à part, qu'il faut mener et conduire, par des procédés qui ont fait leur temps partout ailleurs et qui n'ont qu'un nom : l'arbitraire.

« L'Algérie doit être conduite comme le reste de la France, parcequ'elle est une terre française par excellence... Il faut que le public, que nos collègues du Parlement, que le gouvernement lui-même — quelque variété d'opinions qu'il ait eues sur ce point — sachent bien que nous voulons faire une œuvre absolument française et que nous rejetterons toute espèce de tendances et d'idées qui ne viseraient pas à rendre de plus en plus étroite, *identique* et parfaite la physionomie des trois nouveaux départements, avec celle des départements français. »

Et M. Jules Favre ajoutait dans la même séance extra-parlementaire : « Dites à tous que nous n'avons qu'une pensée : faire de l'Algérie une terre vraiment française ; par le cœur, elle l'est déjà : par le droit, c'est la conquête qui nous reste à faire, et nous y travaillerons de toute notre énergie. »

Enfin, M. Albert Grévy, en prenant possession du gouvernement général de l'Algérie, disait à son tour : « Il est bon et juste que les Européens, que les Français que ce beau pays appelle, puissent y retrouver avec les garanties protectrices d'un régime civil et libéral, avec l'agitation féconde du travail et des affaires, *une image* de jour en jour plus ressemblante avec la mère-patrie. »

Puisque, désormais, tout indique et proclame que l'Algérie n'est qu'un prolongement de la France, comment ne serait-il pas juste et opportun de lui accorder le bénéfice de la loi qui régit la métropole et les colonies en matière d'offices ; ces offices étant un des principaux éléments de vitalité de cette terre devenue à jamais française ?

***

Il ressort de tout ce que nous avons dit sous les chapitres précédents, en atténuant quelquefois l'expression de notre pensée sur quelques points délicats, que le principe du droit de transmission des offices est à la fois plus libéral, plus équitable et plus profitable aux véritables intérêts du pays, que celui de la nomination directe par le pouvoir. Les meilleurs esprits, les libéraux les plus remarquables de toute époque, les jurisconsultes les plus compétents en la matière, la presque unanimité des hommes sensés, tous ceux enfin qui ne se laissent pas arrêter par cette expression *de vénalité*, — absolument impropre dans une négociation où l'Etat garde pour lui le privilège de l'acceptation et de l'investiture du candidat, — ont reconnu tout ce qu'il y avait de bon, de moral et de juste dans le système métropolitain. Et, comme le disait en 1874 un haut fonctionnaire qui a laissé en Algérie une réputation bien méritée d'expérience et de sagesse, l'honorable M. Lapaine : « toutes les considérations que l'on peut faire valoir dans la métropole en faveur de la libre transmission des offices, acquièrent une force nouvelle, un caractère de convenance et d'intérêt de premier ordre lorsqu'il s'agit d'une colonie de fondation récente, d'une organisation qui a besoin de s'affermir, d'une société à peine formée dont les liens ont besoin d'être resserrés, d'une société qui a besoin de se faire une tradition. »

*
* *

En terminant, nous disons simplement que nous mettons ces observations sous le haut patronage de nos sénateurs et de nos députés, et particulièrement de ceux qui, ayant fait partie avec M. Gambetta de l'illustre groupe des 363, tiendront à honneur, par respect pour sa mémoire, de ne pas laisser protester la promesse qu'il avait donnée pour nous à notre regretté représentant M. Lambert.

Ayons aussi confiance que la Chancellerie, mue par un sentiment de haute équité, voudra bien aussi céder de ses prérogatives pour faire acte de libéralisme, en ne laissant pas plus longtemps les Algériens en dehors du droit commun et de la grande famille des officiers ministériels du sol français.

PROJET DE LOI D'ASSIMILATION

Il nous reste à indiquer la forme pratique à donner à la loi d'assimilation des offices algériens.

Si l'on s'en tenait à l'opinion de tel ou tel des principaux intéressés, plusieurs, même parmi les bons esprits, chercheraient à entourer cette mesure de diverses exceptions plus ou moins appropriées à certaines lois spéciales à la colonie ou résultant de la diversité des nationalités de ses habitants.

En cette matière, le mieux est d'être sobre, car d'exceptions en exceptions on finit par dénaturer souvent l'esprit véritable et paralyser l'effet utile de la loi.

Selon nous, il faut, en appliquant les grands principes qui résultent des dispositions des lois de Ventôse et de 1816 pour le notariat, et des autres lois et décrets concernant les divers offices, il faut, disons-nous, se borner à ne réserver que quelques mesures transitoires, utiles actuellement dans la pratique, mais destinées à disparaître rapidement et sans secousse, par un simple arrêté administratif, au fur et à mesure du développement colonial et de la fusion des races et des intérêts. Le temps seul, d'ailleurs, ferait justice de la plupart de ces exceptions transitoires.

Voici donc, *et plus spécialement au point de vue du notariat,* ce qu'il serait nécessaire, quant à présent, d'indiquer comme mesures exceptionnelles, dès la promulgation en Algérie, des lois de Ventôse an XI et du 23 avril 1816.

** **

Motifs d'exception : 1° Il est incontestable que dans un pays où l'élément indigène et l'élément étranger comptent pour une portion considérable dans le chiffre de la population, il ne serait pas toujours facile d'appliquer l'article 9 de la loi de Ventôse qui dispose que les témoins instrumentaires des actes notariés seront citoyens français.

Il est donc utile à cet égard, de conserver l'usage adopté jusqu'à ce jour en Algérie, de prendre indifféremment les témoins instrumentaires, soit parmi les citoyens français, soit parmi les Européens ayant simplement une année de domicile légal en Algérie ;

2° De même pour les témoins certificateurs de l'identité et de la capacité civile des parties.

On conçoit qu'il doit arriver, dans la plupart des cas, que l'identité et la capacité civile d'un étranger et surtout d'un indigène musulman ne puisse être certifiée que par d'autres étrangers ou indigènes connus du notaire rédacteur de l'acte.

Il arrivera même souvent que pour les indigènes musulmans, et particulièrement pour les femmes mauresques et arabes, dont les traits du visage sont dissimulés à toutes personnes étrangères à leur famille, que cette identité et cette capacité civile ne pourront être certifiées, d'une façon certaine, que par leurs proches parents. D'où la nécessité de modifier encore, à cet égard, l'article 11 de la loi de Ventôse.

Comme corollaires des deux articles précédents, il doit être également indiqué, qu'en outre des témoins instrumentaires et des témoins certificateurs, le notaire sera assisté d'un interprète dans tous les cas où les parties ou les témoins certificateurs ne parleraient pas la langue française ou ne signeraient pas en caractères français;

3° Les cautionnements exigés des notaires métropolitains sont basés sur le chiffre de la population du lieu de la résidence du notaire, et selon la classe à laquelle il appartient, article 34 de la loi de Ventôse.

Il paraît juste, au moins quant à présent, et surtout jusqu'à ce que la constitution de la propriété individuelle indigène ait été établie, de modifier à cet égard l'article 34 de la loi de Ventôse, en ne basant le chiffre du cautionnement des notaires que sur celui de la population européenne, et en ne comptant la population arabe que pour une part, par analogie avec ce qui a eu lieu pour l'octroi de mer. Cette part pourrait être provisoirement d'un dixième du chiffre des individus indigènes musulmans demeurant dans l'arrondissement communal de plein exercice de la résidence du notaire.

4° Le même motif serait pris en considération relativement à la création de nouveaux offices en Algérie, par dérogation à l'article 31 de la loi de Ventôse ; la Chancellerie, conservant toujours le droit de proposer de nouvelles créations partout où elle le jugerait nécessaire, voudrait bien prendre au préalable, à cet égard, l'avis motivé de la Chambre de discipline dans le ressort de laquelle se trouverait l'office à créer.

5° Les articles 36 et 37 de la loi de Ventôse règlent les conditions de stage des candidats aux fonctions de notaire.

Eu égard aux difficultés spéciales que présente l'exercice du notariat algérien en raison, et du statut des personnes étrangères et indigènes, et de la propriété indigène elle-même, il paraît utile de conserver l'usage adopté jusqu'à ce jour d'un temps de stage de six années au moins dont une année en qualité de maître clerc dans une étude d'Algérie. Cette année de stage algérien serait même imposée aux anciens titulaires de la métropole qui voudraient acquérir un office en Algérie.

Quant aux examens d'admission, ils seraient passés, conformément à la loi de Ventôse et à l'usage, devant la Chambre de discipline des notaires du ressort ; cette Chambre étant seule juge de la capacité du candidat tant au point de vue de l'examen que des titres universitaires qu'elle jugerait à propos d'exiger.

Relativement au classement des notaires en trois catégories comme dans la métropole, il serait juste d'indiquer par dérogation à l'article 38 de la loi de Ventôse que les titulaires actuels et tous autres ayant déjà occupé des offices de notaires en Algérie pourraient être nommés directement à une résidence de deuxième ou de première classe, sans passer par les classes intermédiaires. La mesure indiquée par l'article 38 de la loi de Ventôse ne serait applicable qu'aux candidats futurs n'ayant point été déjà pourvus d'offices de notaire.

6° L'article 30 de la loi de Ventôse, combiné avec l'ordonnance du 4 janvier 1843, règle les attributions et la composition de la Chambre de discipline qui, aux termes de ces deux documents législatifs, doit être constituée dans chaque arrondissement judiciaire.

En Algérie, où le nombre des offices est encore assez restreint, il serait impossible de constituer actuellement une Chambre de discipline par chaque arrondissement. Cela ne serait possible tout au plus que pour l'arrondissement d'Alger. Il faut donc adopter une mesure transitoire et dire que les Chambres de discipline seront constituées par département et se composeront d'autant de membres qu'il existera d'arrondissements judiciaires, sans que le nombre des membres de la Chambre puisse être inférieur à cinq.

Toutefois dès que le nombre des notaires d'un arrondissement, ayant atteint le chiffre de quinze, permettra d'y former une Chambre composée de cinq membres au moins ; cette Chambre sera constituée séparément de celle du surplus du même département qui ne représentera plus que les arrondissements n'ayant pas encore le nombre d'officiers ministériels nécessaires pour constituer eux-mêmes une Chambres de discipline.

Telles sont les principales exceptions temporaires qu'il s'agirait d'apporter à l'application des lois qui régissent le notariat dans la métropole. Il en existe quelques autres d'une importance moindre et qui ne sont, pour ainsi dire, que d'ordre administratif. On les retrouvera portées dans le texte du projet de loi ci-après mentionné, sans qu'il nous ait paru nécessaire d'en fournir les motifs qui résultent clairement d'ailleurs du texte lui-même.

*
* *

Projet de loi. — ARTICLE PREMIER. — Seront désormais appliquées, aux notaires, défenseurs et avoués, greffiers, huissiers et commissaires-priseurs de l'Algérie, indépendamment des dispositions de l'article 91 de la loi de finances du 28 avril 1816, sur le droit de présentation des successeurs et de celles de la loi du 28 février 1872 concernant les droits du fisc à percevoir sur les transmissions d'office, toutes les lois, ordonnances et décrets organiques et autres régissant les offices de la métropole.

ART. 2. — La faculté de présenter des successeurs ne dérogera pas, au surplus, au droit de l'Etat, d'augmenter ou de réduire en Algérie, le nombre des offices, les Chambres de discipline consultées.

ART. 3. — Un règlement d'administration publique déterminera le chiffre du cautionnement complémentaire à verser au Trésor, par chaque titulaire actuel, en échange du droit de présentation qui lui est conféré par la présente loi et le mode de paiement de ce cautionnement.

ART. 4. — En ce qui concerne le notariat, sont particulièrement étendues à l'Algérie, promulguées et rendues exécutoires dans les trois départements algériens, la loi organique du 25 Ventôse an XI, l'ordonnance du 4 janvier 1843 sur les Chambres de discipline, et la loi des 21 et 24 juin 1843 sur la forme des actes, sauf les exceptions temporaires, ci-après :

1° Par dérogation à l'article 9 de la loi du 25 Ventôse an XI, la qualité de citoyen français et le domicile dans l'arrondissement ne seront pas obligatoires pour être témoins instrumentaires ; les témoins devront être mâles, majeurs, citoyens français ou européens, jouissant de leurs droits civils. Ils devront en outre savoir signer, parler la langue française et avoir au moins une année de résidence en Algérie ;

2° Les témoins identitaires devront être connus du notaire et avoir les mêmes qualités que celles requises pour être témoins instrumentaires. Toutefois l'identité des indigènes, maures, kabyles et arabes pourra être attestée par d'autres indigènes, même ne sachant point signer et ne parlant pas la langue française, et l'identité des femmes mauresques, kabyles et arabes pourra même être attestée par leurs parents à quelque degré que ce soit ;

3° Lorsqu'une personne ne parlant pas la langue française sera partie ou témoin dans un acte, le notaire devra être assisté d'un interprète assermenté qui expliquera la convention et donnera lecture de l'acte à la partie qui ne parlera pas la langue française.

Les signatures qui ne seraient pas écrites en caractères français seront traduites en français et la traduction en sera certifiée et signée à la fin de l'acte par l'interprète.

Dans les cas urgents, le notaire pourra prendre un interprète non officiel, réunissant d'ailleurs les qualités voulues par la loi et recevra son serment qui sera constaté dans l'acte.

Les parents ou alliés soit du notaire, soit des parties contractantes, en ligne directe, et ceux en ligne collatérale jusqu'au degré de cousin-germain inclusivement, ne pourront remplir les fonctions d'interprète. Il en sera de même dans les actes de donations ou de testaments, relativement aux donataires ou légataires qui seraient parents de l'interprète au degré prohibé ci-dessus ;

4° Le cautionnement des notaires algériens sera réglé ainsi qu'en France proportionnellement à la population de la résidence et eu égard à la classe à laquelle ils appartiendront. Toutefois et jusqu'à la constitution définitive de la propriété indigène, la population arabe, maure ou kabyle ne sera comptée que pour un dixième de son nombre réel ;

5° L'article 31 de la loi de Ventôse an XI ne sera pas appliqué à l'Algérie quant au chiffre de la population, relativement à la création de nouvelles études.

Le Président de la République, sur le rapport du Garde des Sceaux et après avis préalable des Chambres de discipline, statuera sur ces créations quand il le jugera nécessaire. Il pourra également, selon les besoins du service, conférer aux greffiers de justice de paix des localités où il n'existerait pas de notaire dans un rayon de 30 kilomètres, conférer à ces greffiers tout ou partie des attributions notariales ; mais seulement après que la Chambre des notaires du ressort aura donné son avis sur la capacité du greffier aspirant à cette double fonction.

Cette investiture, n'étant que provisoire pour le greffier, ne pourra mettre obstacle à la création d'un office de notaire à cette résidence lorsque l'administration le jugera à propos.

6° Par dérogation à l'article 38 de la même loi de Ventôse, les notaires de canton, actuellement en exercice, ainsi que ceux des greffiers-notaires au titre premier qui auront satisfait aux examens d'usage, antérieurement à la promulgation de la présente loi, pourront être nommés directement à un notariat de première classe (siège de cour d'appel), sans être tenus de passer préalablement par la seconde classe ;

7° Dans les localités où il n'existe qu'un seul notaire, si ce notaire est empêché par absence, maladie, parenté ou alliance, ou toute autre cause légitime, il pourra être remplacé ou substitué sur sa demande, ou celle des parties intéressées, par un autre notaire du même arrondissement judiciaire, à son choix, ou même au besoin par le greffier de la justice de paix du canton, avec l'autorisation du procureur de la République du ressort.

Dans ce cas, la cause de l'empêchement du notaire, et, s'il a lieu, l'autorisation donnée au greffier de la Justice de paix par M. le Procureur de la République, seront mentionnées dans l'acte, ainsi que dans les grosses et expéditions signées par le substituant.

Les minutes des actes dressés par le notaire ou le greffier substituant seront déposées en l'étude du notaire substitué, hormis le cas où la substitution aurait lieu à la suite d'une suspension ou d'une révocation, auquel cas les minutes ne seraient rétablies qu'à la fin de la suspension ou après la nomination du successeur ;

8° En attendant que l'augmentation de la population permette aux notaires d'un arrondissement d'atteindre le nombre de quinze notaires et de former une chambre composée de cinq membres au moins, il y aura une Chambre de discipline départementale pour chacun des départements d'Alger, de Constantine et d'Oran. Chacun des arrondissements judiciaires y sera représenté par un membre de cet arrondissement, sans que le nombre total des membres de la chambre puisse être inférieur à cinq, ni supérieur à neuf.

Les Chambres de discipline seront organisées ensuite par arrondissement, selon le droit commun, au fur et à mesure que le nombre des notaires le permettra. Dans ce cas, la Chambre départementale, ainsi réduite, ne représentera plus que les arrondissements renfermant un nombre de notaires inférieur à quinze, et elle procèdera de l'élection faite entre les notaires de ces arrondissements.

Les Chambres, ainsi constituées par départements ou par arrondissements, suivant les cas qui viennent d'être prévus, jouiront des attributions et prérogatives indiquées par la loi du 4 janvier 1843. Elles pourront même modifier temporairement, si elles le jugent à propos dans l'intérêt du bon recrutement de la cléricature, les dispositions des articles 31 et suivants de la dite loi, ainsi que celles édictées par les articles 36, 37 et suivants de la loi de Ventôse, an XI, relatifs aux aspirants-notaires, en exigeant notamment des candidats, un stage de six années, dont une année au moins en qualité de principal clerc dans une étude de notaire en Algérie ;

9° Les notaires devront continuer à tenir, ainsi qu'il avait été prescrit par l'ordonnance du 30 décembre 1842, les deux registres particuliers, côtés, paraphés et visés trimestriellement par les préposés de l'enregistrement, et relatifs, l'un aux testaments olographes qui leur sont déposés ; l'autre, concernant les sommes et valeurs dont ils sont journellement constitués dépositaires ; le tout, selon les prescriptions de la dite ordonnance, quant à ce seulement ;

10° Le tarif actuel des notaires de l'Algérie est maintenu

pour les vacations et droits de voyage, conformément au règlement adopté pour les notaires de Paris, avec réduction d'un dixième sur le tarif établi par le décret du 16 février 1807.

Le rôle de vingt-cinq lignes à la page et de quinze syllabes à la ligne reste tarifé uniformément à 2 fr. 10 centimes.

Pour tous actes non tarifés par le décret de 1807, les honoraires seront réglés à l'amiable entre les parties et le notaire ; en cas de difficultés, il sera statué, après avis de la Chambre de discipline ou de son délégué dans chaque arrondissement, par M. le Président du Tribunal de première instance, conformément à la loi du 5 août 1882.

Art. 5. — Il ne sera rien innové temporairement aux droits d'enregistrement et amendes perçus actuellement en Algérie et relatifs aux actes notariés passés sur son territoire.

Art. 6. — Demeurent abrogés, à dater de ce jour, tous arrêtés, ordonnances et décrets relatifs au notariat algérien en ce qu'ils ont de contraire au droit commun, sauf les modifications temporaires prévues par la présente loi.

. . . .

. . . .

*
* *

Tel est le texte de notre projet de loi, rédigé spécialement en vue du Notariat algérien.

Les autres officiers ministériels de l'Algérie qui, tout en demandant à être placés aussi sous le régime du droit commun, auraient à formuler, comme les notaires, quelques exceptions transitoires, devront les libeller de façon à ce que la loi puisse être présentée complète en son contexte pour tous les offices sans exception.

En terminant, nous prions tous les officiers ministériels et les candidats à ces fonctions, d'oublier les imperfections de cette étude, pour n'en retenir que l'esprit libéral et assimilateur.

L. M.

Oran, le 15 septembre 1886.

DOCUMENTS A CONSULTER

1° *Traité des offices désignés dans l'article 91 de la loi du 28 avril 1816*, par M. le Chevalier DARD, 1 vol. in-8°, Paris, Hingray, 1838.

2° *Opinion sur la vénalité des offices ministériels*, par M. SARGET, 1 vol. in-8°, Paris, Mme GOULET, 1839.

3° *Questions sur la transmission des offices*, par M. JOYE, 1 vol. in-8°, Paris, Durand, 1839.

4° *De la transmission des offices, des contre-lettres et des poursuites disciplinaires auxquelles elles peuvent donner lieu*, par ADOLPHE, un vol. in-8°, Paris, Delamotte, 1840.

5° *Histoire des offices*, par BATAILLARD, 1 vol, 1840.

6° *De la discipline des cours et des tribunaux, du barreau et des corporations d'officiers publics*, par A. MORIN, 2e édition, 2 vol. in-8°, Paris, Joubert, 1844.

7° *De la compétence ou des attributions respectives des divers officiers publics, notaires, commissaires-priseurs, etc.*, par A. GAND, 1 vol. in-8", Paris, Poussielgue, 1844.

8° *Du privilège des vendeurs d'office sur les sommes fixées par la Chancellerie et imposées aux successeurs des titulaires destitués*, par HUET, 1 vol. in-8°, Paris, Crapiet, 1847.

9° *De la situation et de l'avenir des officiers ministériels*, par Henri CAUVAIN, 1 vol. in-8°, Paris, Laisné, 1848.

10° *Essai sur la transmission des offices ministériels*, par un Magistrat, 1 vol. in-8°, Rennes, Verdier, 1848.

11° *Réquisitoire de Mr Dupin, à la Cour de cassation, sur la question des clauses compromissoires appliquées aux ventes et à la fixation des prix des offices (Audience du 30 juillet 1850)*, 1 vol. in-8°, Paris, Panckouke, 1850.

12° *Examen des droits des officiers ministériels à la propriété de leurs offices ; état de la législation jusqu'en 1848*, 1 vol. in-4°, de Maulde, Paris, 1852.

13° *Du notariat et des offices*, par Jeannet SAINT-HILAIRE.

14° BELLET, *Offices*.

15° VUATINÉ, *Du droit de transmission des offices*.

16° VRAYE, *Du remboursement des offices*.

17° DALLOZ; *Offices*.

18° Ivan LAPAINE, *De l'exercice du droit de présentation dans la transmission des offices en Algérie*, Alger, Bouyer, 1874.

19° *De la libre transmission des offices en Algérie*, Alger, V. Aillaud et Cie, 1874.

20° *Des offices en Algérie*, par BILHARD-FEURIER, Oran, Ad. Perrier.

21° *De l'inamovibilité de la magistrature et du droit de transmission des charges en Algérie*, par A. de F., ancien employé supérieur, Alger. Riffa et Pezé, 1855.

22° *Cahiers algériens*, p. 112, etc.

23° PERRIQUET, *Traité de la propriété et de la transmission des offices*.